Lb 40329.

PROCÈS VERBAL

DE L'ASSEMBLÉE GÉNÉRALE du District de l'abbaye Saint-Germain-des-Prés.

Du dimanche 21 février 1790.

L'ASSEMBLÉE générale des citoyens & citoyennes, tenue dans l'église de l'Abbaye, d'après les affiches & l'annonce au son de la caisse dans l'arrondissement du district, à l'effet de prêter le serment civique en face des autels, s'étant trouvée assez complète à onze heures du matin, où s'étoient rendus plusieurs de MM. les députés à l'Assemblée nationale, domiciliés dans le district, & qui avoient été invités à la cérémonie, M. le commandant du bataillon, à la tête de ses compagnies, s'est rendu dans la nef de l'église, où il a fait ranger lesdites compagnies formant deux haies : après quoi M. le commandant, accompagné des officiers, s'est transporté au comité civil, pour y prendre MM. les présidens & commissaires, qui ont été conduits, dans le même ordre, jusqu'au sanctuaire de l'église.

A

M. le Gangneur de Lalande, l'un des présidens, a ensuite monté en chaire, & y a prononcé un discours analogue au serment civique, dans lequel il a développé les sentimens d'un Roi, tout à la fois patriote & citoyen, plein de sagesse & de bienfaisance, & les avantages inestimables de notre heureuse & nouvelle constitution.

M. de Lalande n'a pas oublié dans son discours les éloges dus à une citoyenne douée de la plus belle vertu (celle de la charité), qui a demandé, pour faire la quête au profit des pauvres, d'être conduite par un citoyen vertueux & indigent qu'elle a habillé à ses frais.

Après ce discours, dont l'impression a été demandée, la messe militaire a été célébrée par dom Lièble, aumônier du bataillon; après quoi ce religieux, étant monté en chaire, a fait un discours dont les citoyens ont été satisfaits, & ont aussi demandé vivement l'impression. Aussi-tôt que le discours a été fini, M. de Junquières, président, qui étoit en chaire, a rappelé aux citoyens & citoyennes quelle étoit l'importance du serment civique qu'ils alloient faire: il a prononcé ce serment, & toutes les mains levées, les citoyens se sont écriés: *Nous le jurons; vive la Nation, vive la Loi, vive le Roi, vivent les bons Citoyens & bonnes Citoyennes.*

Dom Lièble a ensuite entonné le *Te Deum*, qui a été chanté au bruit des salves de canons, suivant la permission accordée par M. le Commandant général. On a également chanté le *Domine salvum fac Regem*; après quoi M. le commandant du bataillon a reconduit au comité MM. les présidens & commissaires, qui ont procédé au compte de la quête faite par madame de Vercy, citoyenne du district.

Pour satisfaire au vœu porté par les citoyens sur l'impression des discours de M. le Gangneur de Lalande & de dom Lièble, M. Quentin, marchand papetier, & l'un des commissaires du district, a fait l'offre de fournir, *gratis*, le papier nécessaire pour un mille d'exemplaires.

M. Prault, imprimeur, & citoyen du district, a pareillement offert de faire l'impression sans frais; mais cet avantage lui a été disputé par M. Demonville, imprimeur ordinaire du district, qui s'est chargé de fournir, *gratis*, le millier d'exemplaires.

M. Prault a voulu se dédommager, en offrant au comité un exemplaire, en placard, du discours prononcé par le Roi à l'Assemblée nationale, le 4 février présent mois, exemplaire destiné à être placé dans un cadre, pour orner la salle du comité. M. Voisin, vitrier, aussi citoyen du district, a offert de fournir le cadre & le verre à ses frais.

Ces quatre bons citoyens ont mérité les éloges & les remerciemens du comité.

Le comité a arrêté que le présent procès verbal seroit imprimé en tête des deux discours, afin de manifester le patriotisme des citoyens & citoyennes du district, & perpétuer la mémoire des beaux jours qu'a fait naître le meilleur des Rois, le chef & l'appui de la plus belle constitution, sous laquelle puisse être gouverné un Empire. Il a été arrêté en outre qu'il seroit fait hommage d'un exemplaire à MM. Necker, de Saint-Priest, M. le Maire, M. le Commandant général, & aux cinquante-neuf districts.

Fait au comité général, les jour, mois, & an que dessus.

Signés, DE JUNQUIÈRES, BENOÎT DU PORTAIL, & LE GANGNEUR DE LALANDE, *Présidens.* JANSON, DOUSSEUR, FORTIN, QUIRET, HOUDART, FRANCHET, GRAND-MAISON, WILMEN, LEFEBVRE, RUBI, ROUSSEL, *Commissaires.* ET ANGOT DU PLESSIS, *Secrétaire greffier.*

DISCOURS
DE M. DE LA LANDE,

Pour le ferment civique & général du Diſtrict de l'abbaye Saint-Germain-des-Prés, prononcé le 21 février 1790.

CITOYENS, CITOYENNES,

Ce n'eſt point à un peuple qui puniſſoit le mérite & la vertu par l'oſtraciſme & la ciguë ; qui perſécutoit les Ariſtide, les Socrate, les Phocion, qu'il faut apprendre à connoître la liberté. Athènes.

Il fut toujours indigne de la liberté, ce peuple qui n'en connut que le fantôme, & finit par être un eſclave qu'on appaiſoit avec du pain & des ſpectacles. Rome.

Ce ſera donc avec ce peuple qui ſemble jouir de la conſtitution la plus heureuſe, & dont l'île fortunée fut toujours notre rivale. Angleterre.

Mais la liberté qui veut que tous citoyens d'un état ſoient égaux en droits, qui veut que tous foient également intéreffés à la maintenir; que toutes diftinctions, tous rangs, tous priviléges difparoiffent, quand il s'agit d'un objet auffi important, fait pour fervir de bafe au bonheur focial; la liberté peut-elle être bien honorée chez un peuple qui veut tout à la fois jouir des avantages de la monarchie, de ceux de l'ariftocratie, & de la liberté démocratique? Un peuple qui a tant à craindre pour fa liberté, ne peut l'avoir bien connue. La liberté peut-elle régner où la féodalité règne encore?

La France.
Qelle eft donc la nation qui peut fe glorifier d'avoir bien connu la liberté? C'eft la nôtre, Meffieurs; c'eft cette nation à laquelle il ne manquoit, pour être la première du monde, que d'avoir de bonnes lois, & un roi citoyen, reftaurateur de la liberté.

Nous les poffédons déjà en grande partie ces bonnes lois. Sous Louis XVI, le bienaimé de fon peuple, va bientôt s'achever le grand-œuvre de notre heureufe & entière conftitution. Fixons un inftant nos idées, & connoiffons tous les avantages que nous prépare la conftitution qui vient de créer pour nous une nouvelle patrie, qui femble porter fur fon front le préfage certain de la félicité publique.

L'homme n'est jamais plus libre que lorsqu'il assujettit ses passions à sa raison, & sa raison à la justice. *Principes & bases de la liberté.*

Le pouvoir de faire le mal est une imperfection, & non pas un caractère essentiel de notre liberté : elle ne recouvre sa véritable grandeur, que lorsqu'elle perd cette triste capacité, qui est la source de toutes ses disgraces.

Le plus libre & le plus indépendant des êtres n'est tout-puissant que pour faire le bien ; son pouvoir infini n'a d'autres bornes que le mal.

La vraie liberté consiste donc dans le pouvoir que chacun doit avoir de chercher son avantage propre, sans préjudice de celui d'un autre. On n'est plus libre, on est licencieux dès qu'on s'écarte de l'équité.

Un état vraiment libre est donc celui dont tous les membres, sans distinction, sont soumis à l'équité, qui est invariable, & non à la volonté d'un homme, toujours versatile.

Un état vraiment libre est donc celui où les lois protègent chaque citoyen, où leur stabilité est telle, qu'elles ne puissent être changées que par la nation qui les a faites.

Etre libre, c'est obéir aux lois ; c'est avoir

le droit de faire ce qu'on doit vouloir, & non pas ce qu'on veut.

Lock. Tout citoyen qui outrepaſſe les juſtes limites de la liberté, briſe les règles de l'équité, & ſe rend coupable « du ſang & des maux de ſes concitoyens ».

Pour connoître & obſerver ces principes, la nature nous a donné pour guide deux génies bienfaiſans ; l'un, ami tendre, l'autre, juge ſévère.

L'ami tendre, c'eſt la ſociabilité qui nous porte ſans ceſſe à nous aimer, à nous faire tout le bien poſſible.

L'autre, juge ſévère, la conſcience, ce flambeau qui éclaire même le coupable qui veut ſe dérober à la lumière.

La conſcience juge nos actions, d'après la loi que je définis ainſi, l'expreſſion générale & notifiée du vœu commun. C'eſt le génie de la ſociabilité qui poſe la règle nommée loi ; c'eſt le génie de la conſcience qui porte le jugement ſur l'infraction de la loi. Ces deux génies ſubſiſteront tant qu'il y aura des hommes.

Si l'homme eſt ſourd à la voix du premier, le ſecond l'en punit avec le poignard des remords.

Telles font les bafes inébranlables fur lefquelles repofe l'édifice de notre conftitution; & d'après les avantages qu'elle nous procure déjà, & qui nous garantiffent ceux dont nous allons bientôt jouir, aurons-nous de la peine à lui être fidèles & à la maintenir de tout notre pouvoir.

Telle eft cette conftitution. Que devant elle difparoiffent tous les ordres, tous les rangs, toutes les diftinctions, les priviléges, tous les abus contre la nature & la raifon. « Tous les hommes font égaux en droits, » fans autre diftinction que celle de leurs talens » & de leurs vertus. L'égalité démocratique » n'eft qu'une chimère ». *Ordre & priviléges abolis.*

Cette conftitution fixe à jamais les droits du prince, ceux de fon peuple, & les réunit d'intérêts communs. En donnant au monarque le pouvoir fuprême exécutif, elle ne lui donne plus pour exécuter les ordres légiflatifs, des hommes fans patrie, qui ne connoiffent que l'intérêt aveugle & mercenaire; ce fera la nation elle-même qui fera armée pour tenir dans fes mains fa propre fûreté. Tout citoyen fera foldat, tout foldat citoyen; & le métier de la guerre faifant partie déformais de l'édu- *Droits de la nation & du roi.*

eation publique, les justes droits du peuple seront à l'abri de toutes atteintes.

Représentans de la Nation. La nation, toujours représentée par des concitoyens dont le choix honorable leur tiendra lieu de tout, sera toujours surveillante pour le bonheur commun. Un sourire de la patrie sera pour eux d'un bien autre prix que les faveurs, les pensions, & les graces du trône.

Le mérite personnel conduira à cette magistrature honorable, & non la naissance, qui ne donne point la sagesse, les talens, & les vertus.

Marc d'argent. Pour être fidelement représentée, la nation sans doute (j'aime à le présager) considérera dans son choix, autant le tarif des talens & des vertus, que celui des possessions. Une nation doit choisir des gens de bien, & non des gens riches, si elle veut être tranquille sur ses intérêts. L'honnête homme devine les bonnes lois. Le génie de la législation est bien moins dans la tête que dans le cœur.

Liberté de la Presse. D'après cette constitution, il nous est maintenant permis d'être, d'agir, & de penser en homme. La liberté n'étant plus soumise à des entraves arbitraires, elle ne rétrécira plus les cœurs, comme les esprits. Rome perdit en même temps son éloquence & sa liberté. Ce n'est qu'en éclairant les hommes qu'on peut espérer de les rendre meilleurs & plus heureux qu'ils ne sont. Les peuples & les rois sont également intéressés aux progrès des lumières, & ces lumières ne peuvent être que le fruit de la liberté.

« La raison cultivée est le plus sûr antidote » contre la corruption des mœurs ; & la raison » ne se cultive que dans un pays de liberté ».

Tout abus en ce genre n'est qu'une méchanceté. L'imposture est bientôt confondue ; la vertu est un bouclier impénétrable à la calomnie.

Helvétius.

Vouloir priver des citoyens de la liberté de penser & d'écrire, parce qu'il peut y avoir des abus, autant leur interdire le feu & l'eau, crainte d'incendies ou d'inondations. Ne faut-il pas des ombres au tableau, pour en mieux faire ressortir l'objet principal ? Sous une constitution comme la nôtre, qu'y a-t-il tant à craindre ? Il n'y aura bientôt plus ni mécontens, ni fourbes, ni fanatiques, ni imposteurs.

Qu'elle sera belle cette constitution, où désormais les deniers publics, levés sur le travail

& les possessions des citoyens, & par eux-mêmes, & non par ces sangsues publiques, dont la perception fiscale fait toujours doubler l'impôt, seront destinés à servir les vrais besoins de l'état, & non pour entretenir la splendeur & la vanité d'une cour, & corrompre les représentans du peuple.

<small>Départemens & municipalités.</small> Chaque citoyen va s'accoutumer de bonne heure, & presque en naissant, à regarder la fortune de l'état comme sa fortune particulière. L'égalité parfaite, la fraternité civile ne faisant de tous les citoyens que comme une seule famille, les intéresseront tous également aux biens & aux maux de leur patrie : on s'aimera en aimant sa patrie ; on l'aimera plus que soi-même.

Ce ne sera plus ce peuple, qu'un trait de satire, dont le sel piquoit par sa nouveauté, ou réjouissoit par sa malignité, sembloit dédommager des malheurs publics, qui s'endormoit sous la foi du pilote qui conduisoit le vaisseau, comme si le naufrage de la patrie pouvoit lui être indifférent ; ce sera un peuple nouveau, actif, surveillant, dont chaque membre voudra tenir le gouvernail ou coopérer à la manœuvre du vaisseau : fidele emblême de la commune patrie.

On ne distinguera plus sa fortune de celle de l'état; on ne sacrifiera plus tout l'état à sa fortune. Tous les citoyens sauront le grand art de la législation & de la morale ; celui d'unir l'intérêt au devoir. Un cœur magnanime s'affranchit aisément de la servitude de son intérêt particulier.

Désormais il ne faudra plus, pour aimer son Dieu, cesser d'avoir une famille, une patrie, renoncer à une vie civile, dont on ne pouvoit pas plus disposer que de la vie naturelle. *Suppression des ordres religieux.*

La divinité n'a jamais pu avouer que des adorateurs en esprit & en vérité ; & ce sont des adorateurs libres. La patrie ne peut reconnoître pour ses enfans que des individus libres, dont les vertus & les talens, fécondés par la liberté, profitent au bonheur social. Tout va donc rentrer dans l'immense famille ; tous auront droit à l'héritage commun : la patrie ne peut être marâtre pour aucun de ses enfans.

Déjà, par les lois nouvelles de notre constitution, nous voyons l'innocence protégée, l'iniquité trembler, les préjugés vaincus. Le mérite, comme le crime, est personnel. L'un sera plus universel, parce qu'il ne sera plus *Ordre judiciaire.*

méconnu ; l'autre plus rare, parce qu'il n'aura plus d'appuis.

Nos sages ont déjà médité & préparé dans le silence, & bientôt vont décréter ces belles lois si long-temps attendues, qui vont applanir & redresser les sentiers de la justice, purger ces guides infidèles qui en obsèdent les passages, ou tendent des pièges à l'ignorance ou à la crédulité.

Si la voix de la patrie demande, avec raison, qu'on rapproche la justice des justiciables, elle semble réclamer, pour la distribuer, ces magistrats, hommes de bien, dans lesquels on n'a reconnu d'autre autorité que celle de leur mérite, qui ont presque toujours rougi de cette récompense de services, qui semble dérober une partie du témoignage de leur vertu : elle demande pour coopérateurs autant de citoyens, qui, les prenant pour modèles, garantiront par leur choix qu'ils n'ont d'autre envie que de se rendre les créanciers désintéressés de leurs concitoyens.

Droits du souverain. Enfin tel est le chef-d'œuvre de sagesse de cette constitution, qu'elle a su tout à la fois accorder la liberté & l'autorité, & les tempérer l'une par l'autre.

Par cet heureux accord, il se trouve que le

pouvoir du souverain est d'autant plus absolu, qu'il l'exerce de concert avec la nation entière ; son autorité d'autant plus respecté, que chacun y trouve sa propre félicité ; l'amour de son peuple d'autant plus assuré, qu'image de la divinité, il n'aura d'autre puissance que celle de bienfaits continuels & variés ; ses subsides d'autant plus abondans, qu'ils seront volontairement consentis & destinés pour le bonheur commun : la source n'en sera plus altérée ni tarie par ces vils corrupteurs des cours, ces artisans des malheurs publics.

Ses armées d'autant plus fortes & plus victorieuses, que tout citoyen sera un soldat toujours prêt à verser jusqu'à la dernière goutte de son sang, pour une patrie dont le chef sera nécessairement le bienfaiteur de tous ses enfans.

Compter autant d'amis que de sujets, quels fonds inépuisables de richesses & de bénédictions ! Quand la reconnoissance paye l'impôt il n'y a jamais de *deficit*. (Qu'on me pardonne cette expression).

Qu'il est aisé d'être fidèle, qu'il est glorieux de maintenir, par une union parfaite, une si belle & si heureuse constitution qui va faire revivre parmi nous la bonne foi, la candeur, la simplicité, la pudeur, & toutes les antiques vertus de nos pères; la loi du réciproque sera la règle simple & d'un usage universel.

L'exemple en est déjà sous vos yeux. O mes concitoyens, quel intéressant tableau que celui d'une jeune citoyenne, dont la vertu modeste & sensible tend la main à la respectable indigence; quelle leçon sublime d'humanité & de bienfaisance! que n'obtient-on pas, quand on sait si bien intéresser tous les cœurs!

Madame de Verci.

Oui, mes chers concitoyens, n'en doutons pas, le règne des vertus va commencer, & nous touchons au moment de voir s'achever le superbe édifice de notre constitution; notre bonheur commun va s'accomplir, notre bon roi le désire & le veut; sa volonté sera faite, & nos vœux exaucés.

4 février 1790.

O jour trois fois heureux, tu seras conservé à jamais dans nos annales, jour si précieux pour la France, où ce roi patriote, sans autre cortège que celui de ses vertus & de ses ministres, avoués & bénis par la nation, est venu au milieu de notre auguste assemblée de représentans, les presser lui-même de hâter le moment où il pourroit dire: enfin *je règne sur un peuple libre & heureux.*

Il

Il sera long-temps présent à notre mémoire ce discours attendrissant du meilleur des rois, dont les paroles à jamais mémorables sont gravées plus sûrement dans nos cœurs que sur l'airain périssable.

Que nos efforts communs répondent donc aux vues de sagesse & de bienfaisance de notre bon roi ; que nos actions soient le miroir fidèle qui répète les siennes. A l'exemple de ce roi honnête homme, de ce roi citoyen, que notre vie entière ne soit plus qu'une vertu.

Je ne vous dirai pas, aimons notre bon roi comme il nous aime ; c'est un besoin pour nous, c'est le plus doux de nos plaisirs : mais je vous dirai, aimons nous comme il nous aime, & je ne crains plus rien pour la liberté, qui fait de nous une même famille.

Enfin pour renfermer tous nos souhaits dans un seul, fasse le ciel, que nous allons intéresser si vivement par nos vœux communs, par le serment le plus solennel, qui allumera dans nos cœurs le feu inextinguible du patriotisme ; fasse le ciel que la France, d'autant plus respectée qu'elle est libre, d'autant plus paisible, qu'elle sera plus à craindre par sa liberté, puisse se consoler de ses pertes passées,

B

& réparer ſes forces épuiſées ! que puiſſante ſans inquiétude, heureuſe ſans envie, plus jalouſe de la réputation de ſa juſtice que de celle de ſa grandeur, elle conſerve à toujours, ſous l'égide de ſes légiſlateurs & de ſes rois amis, les bons Louis XVI, la durée de tous les biens, dont la ſeule eſpérance fait déjà notre bonheur ! Vive à jamais la nation, la loi, & le meilleur des rois ! que ce cri d'alégreſſe ſoit le précurſeur de tous ceux qui nous préparent une ſi belle journée !

Signé LE GANGNEUR DELALANDE, préſident.

DISCOURS
DE DOM LIEBLE,

Pour la prestation générale du serment civique.

LE bonheur établi sur la liberté, la liberté réglée par la loi, la loi fondée sur la religion; voilà, mes frères, les objets importans après lesquels nous soupirions depuis long-temps, & qui nous rassemblent aujourd'hui dans ce saint temple.

Je dis d'abord le bonheur établi sur la liberté. L'esclavage fit-il jamais des heureux? Vit-on jamais un homme de sang froid se précipiter dans les chaînes, pour en faire les instrumens de sa félicité? Rappelez-vous, mes frères, les temps qui ont précédé la révolution. Quelle étoit votre condition? qu'étiez-vous chacun en particulier? La proie d'un usurpateur audacieux, la victime d'un usurier en crédit, un propriétaire sans assurance, l'adulateur forcé d'un scélérat impuni, le jouet d'un homme ivre de ses titres, de ses priviléges, de sa

B 2

grandeur, de son opulence, qui vous regardoit comme des êtres faits pour lui, & trop heureux de pouvoir, même au détriment de votre fortune, encenser ses caprices, servir son insatiable avidité, idolâtrer ses passions, ses plaisirs. C'est pourtant à ces conditions qu'étoit attachée cette ombre, ce prestige de liberté dont on cherchoit à couvrir votre esclavage, pour vous faire croire que vous étiez heureux. Un nouvel ordre de choses se dévoile à nos yeux. Votre bonheur sera désormais d'autant plus stable & réel, qu'il sera établi sur la liberté réglée par la loi.

La liberté est le plus grand bienfait de la nature envers l'homme; c'est le premier & le plus précieux de ses droits. Mais qu'est-ce que la liberté sans la plus entière soumission à la loi qui la constitue, la protège, la conserve? Ce n'est plus qu'une licence sans bornes, qui ne respecte ni ordre, ni mœurs, ni pouvoir, ni propriété, ni patrie, ni les droits les plus inviolables de la société. C'est un torrent impétueux qui renverse, entraîne, précipite dans l'abîme tout ce qu'il rencontre. Pourquoi redoutiez-vous tant les agens du pouvoir exécutif, leurs prétentions, leurs usurpations, leurs vexations? C'est que ce n'étoit pas alors

le règne de la justice ni de la loi. Mais loin de nous ces idées désastreuses d'injustices, d'esclavage, de despotisme ; vous en avez proscrit les expressions & renversé les monumens. La liberté réglée par la loi exige de vous des sacrifices sans doute, parce que vous êtes en société, & que le bonheur de votre frère doit tenir au vôtre. Combien n'en faites-vous pas tous les jours de bien moins utiles ? Méditez les paroles de notre auguste monarque, elles doivent vous consoler & vous encourager : « Je connois, dit-il, toute l'im-
» portance de leurs sacrifices ; j'aurois aussi
» des pertes à compter, si, au milieu des plus
» grands intérêts de l'état, je m'arrêtois à des
» calculs personnels ; mais je trouve une
» compensation qui me suffit, une compen-
» sation pleine & entière dans l'accroisse-
» ment du bonheur de la nation, & c'est du
» fond de mon cœur que j'exprime ici ce
» sentiment. Je ne compte point ce qui m'est
» personnel, près des lois & des institutions
» qui doivent régler le destin de l'empire ;
» *je le fais* pour le bonheur même de notre
» patrie, pour sa prospérité, pour sa puis-
» sance ». Quel sacrifice peut vous coûter, mes frères, après ces paroles si touchantes,

B 3

si pathétiques, qui devroient être gravées en lettres d'or sur tous les monumens publics ? Quelle douce satisfaction pour moi de vous les avoir rappelées, quand je vois la vive impression qu'elles font sur vous ! Que ne doit-on pas attendre de cette sensibilité qui influera sur le bonheur de la France, & qui répond d'autant plus de votre soumission à la loi, que les sentimens de votre cœur sont d'accord avec ceux de la piété qui vous anime.

N'en doutez pas, mes frères, les loix qui n'auroient pas la religion pour principe & pour base, ne seroient qu'un édifice bâti sur le sable, une foible lueur qui disparoîtroit à l'instant. Qui n'est pas fidèle à la loi de Dieu, l'est encore moins à celle des mortels. C'est Dieu seul qui tient dans sa main le cœur des rois & la conscience des hommes ; oui, c'est lui seul qui peut donner de la force à notre constitution. Demandez aux empereurs païens s'ils avoient dans leurs armées des soldats plus fidèles, plus braves, plus citoyens que les chrétiens. Qui peut assurer dans le secret l'exécution des lois humaines, si ce n'est ce remords de conscience qui nous atteste qu'il est un Dieu vengeur du crime & rémunérateur de la vertu ? Ouvrez l'écriture sainte, & vous y verrez presque à chaque page que Dieu commande la plus scrupuleuse obéissance aux lois & aux puissances de la terre, & que souvent il punit par les fléaux les plus terribles, un peuple qui s'écarte de ces principes sacrés. Vous en avez fait vous-même les plus tristes épreuves. Vous aviez abandonné Dieu & ses temples ; toute la loi étoit sans force, ou plutôt il n'y avoit plus de loi, plus de patrie, plus de citoyens. Dieu dit dans sa colère : le peuple que je chérissois m'a oublié, a négligé mes préceptes, a méprisé ses lois, a corrompu toute voie. Je lui enverrai des agens qui le conduiront avec une verge de fer ; j'épuiserai ses trésors, je répandrai l'effroi jusques dans ses foyers, je l'environnerai de dangers, d'armées venues des extrémités de la terre, des horreurs de la disette, de troubles & de discordes. Dans son affliction, il levera les mains vers moi ; je me laisserai toucher, je l'écouterai dans ma miséricorde. En un instant, en un clin d'œil, il y aura autant de soldats que de citoyens ; je susciterai parmi eux des Macchabées, qui, par leur désintéressement, leur bravoure, leur prudence, dissiperont tous les dangers, rameneront l'abondance, rétabliront l'ordre & le calme par-tout. N'eſt-ce pas là, mes frères, le précis de la révolution dont nous avons tous été témoins? Parcourez les faſtes du monde entier, y trouverez-vous une révolution auſſi étonnante, qui ait été conſommée ſi rapidement, & où il y ait eu ſi peu de ſang répandu? A qui devons-nous ce bienfait ineffable, ſi ce n'eſt au père des miſéricordes, qui n'abandonne pas ceux qui le craignent aux caprices d'un aveugle ſort? Oui, le doigt de Dieu eſt ſi marqué dans cette révolution, qu'elle a opéré parmi vous des converſions; je le dis pour votre conſolation & pour la nôtre. Tant il eſt vrai que la paix, la concorde, les lois ne ſont ſolides & durables, qu'autant qu'elles ſont fondées ſur la religion, parce qu'alors elles règlent & conſervent la vraie liberté, ſur laquelle eſt établi le bonheur de la patrie.

Voilà donc le moment, mes frères, de concourir tous à cette organiſation nouvelle, d'où réſultera notre ſalut commun. S'il en étoit parmi vous qu'une certaine délicateſſe de conſcience pût alarmer, je lui répondrois que la réunion des volontés de la part des repréſentans de la nation & de notre auguſte monarque, & le concours général de la France qui a adopté la constitution, ne lui permettent plus aucun doute, aucune résistance. S'il y persiste, c'est un intérêt personnel qui provoque son opiniâtreté ; c'est qu'il jette des soupirs sur les sacrifices qui coûtent à son orgueil, à son ambition, à sa cupidité ; c'est qu'il craint la perte de ces privilèges, de ces distinctions, dont il frustroit le talent & la vertu ; c'est qu'il couvre du prétexte illusoire de sa conscience ses injustices, ses passions, son égoïsme ; c'est qu'il s'embarrasse peu ou qu'il désire peut-être de troubler cette heureuse harmonie qu'opère la réunion de tous les cœurs, de toutes les volontés.

D'ailleurs le bonheur & la liberté dépendent souvent de l'opinion de ceux qui se croient libres, qui se croient heureux. Vingt millions d'hommes & plus s'imaginent jouir de ces inestimables bienfaits. Quand même ce ne seroit qu'un beau rêve, n'y auroit-il pas de la cruauté à vouloir leur arracher cet heureux bandeau qui leur cause une si douce illusion, pour les replonger dans une infortune plus déplorable encore que celle sous laquelle ils gémissoient auparavant.

Les représentans de la nation sont de votre choix, vous les avez élus librement, vous les avez revêtus de vos pouvoirs ; pouvez-vous donc méconnoître dans leur assemblée la souveraineté du peuple ? Vous vous vantez d'être fidèle au roi, vous lui jurez obéissance ; eh bien, il a reconnu l'autorité de nos représentans, il a sanctionné leurs décrets, tous vos concitoyens ont juré à l'envi de les maintenir ; qui d'entre vous pourroit se refuser à tant de raisons victorieuses ?

Vous voyez les ministres du seigneur, mêlés à ceux d'entre vous à qui vous avez accordé votre confiance, environner ce sanctuaire pour réunir leurs vœux & leurs voix aux vôtres, & renouveler avec vous le serment. Vous voyez ces militaires, ces généreux citoyens qui, aux premiers dangers, se sont armés pour la défense commune, venir dans ce saint temple, & pour vous soutenir par leur exemple, & pour reconnoître au pied du sanctuaire que la gloire dont ils se sont couverts, la prospérité de leurs armes, leur désintéressement viennent de Dieu, & qu'il ne leur accorda des succès, que parce qu'il approuvoit leurs motifs. Réunissez-vous à leurs étendarts, ils sont consacrés à la liberté, à la religion, à la patrie.

Quant à moi, braves militaires, chers concitoyens, que vous avez honoré de la dignité de votre aumônier, j'ose vous dire qu'elle n'a rien ajouté aux sentimens dont je me flatte d'avoir toujours été pénétré. Mon état ne m'a pas permis d'armer mon bras pour partager vos dangers, mais je n'ai cessé d'adresser mes vœux au ciel pour la réussite de vos entreprises. Par-tout où vous appellera la défense de la liberté, de la religion, de la loi, je volerai avec vous sous vos drapeaux au champ de la gloire, &, pendant que vous combattrez, je leverai les mains vers Dieu pour attirer sur vos armes ses benédictions, la victoire.

Ainsi, chers concitoyens, « fixez unique-
» ment votre attention sur le bien de l'état,
» & vous verrez que, même avec des opi-
» nions différentes, un intérêt éminent doit
» nous réunir tous aujourd'hui ». Ce sont les paroles à jamais mémorables de notre bon roi, que j'emprunte pour terminer ce discours. « Eclairez, dit-il, le peuple qu'on égare,
» ce bon peuple qui m'est si cher, & dont
» on m'assure que je suis aimé, quand on veut
» me consoler de mes peines..... Que ceux
» qui s'éloigneroient encore d'un esprit de
» concorde, devenu si nécessaire, me fassent
» le sacrifice de tous les souvenirs qui les
» affligent, je les paierai par ma reconnois-

» fance & mon affection. Ne profeffons tous,
» je vous en donne l'exemple, ne profeffons
» tous qu'une feule opinion, qu'un feul inté-
» rêt, qu'une feule volonté, l'attachement à
» la conftitution nouvelle, & le défir ardent
» de la paix, du bonheur, & de la profpé-
» rité de la France ».

De l'Imprimerie de DEMONVILLE, rue Chriftine. 1790.

www.ingramcontent.com/pod-product-compliance
Lightning Source LLC
Chambersburg PA
CBHW060724050426
42451CB00010B/1610